MLADŠÍ ŽÁCI

VŠECHNO PSI

CHARLOTTE THORNE

MLADŠÍ ŽÁCI

VŠECHNO PSI

CHARLOTTE THORNEOVÁ

Psi jsou často nazýváni nejlepšími přáteli člověka. Jsou to úžasná zvířata, která žila s lidmi velmi dlouho.

Domestikace psů sahá až k šedému vlkovi. Domestikace znamená, že si lidé ochočili zvíře, aby s námi žilo.

Díky selektivnímu chovu vytvořili lidé pro psy různé typy pracovních míst!

Ve starověkém Egyptě měl bůh
Anubis hlavu šakala, což bylo
zvíře příbuzné psům.

Slavná jeskynní malba v
Evropě zobrazuje starověké lidi
na lovu se starověkými psy.

Během války sloužili psi jako válečná zvířata a pomáhali vojákům s nebezpečnými pracemi.

Psi patří do čeledi Canidae.
Čeleď Canidae zahrnuje také
vlky, lišky a další divoké psy.

Psi cítí spoustu věcí, protože mají 300 milionů receptorů.

Jejich sluch je neuvěřitelný. Mohou slyšet vysokofrekvenční zvuky, které my ne.

Na celém světě je mnoho
slavných psů.

Kolie drsnosrstá Lassie je ikonou
knih, filmů a televize. Je známá
svými záchrannými misemi.

V roce 1925 vedl Balto husky tým psích spřežení napříč Aljaškou. Nemocným lidem dodali důležitý lék.

Německý ovčák Rin Tin Tin byl jedním z nejslavnějších psích herců a je považován za první psí filmovou hvězdu na světě.

Pojďme se podívat na různá
plemena psů.

Labradorští retrívři jsou přátelští psi. Mají lásku k vodě.

Němečtí ovčáci jsou chytří a silní. Jsou to pracovní psi a mají ochranné vlastnosti.

Zlatí retrívři jsou hravá, oblíbená plemena. Jsou krásné a plné osobnosti.

Buldoci jsou vrásčití a mají podsaditá těla. Jsou to přítulná štěňata.

Bíglové jsou zvědaví psi a používají se při lovu. Mají svěšené uši.

Pudlové jsou jedním z nejinteligentnější ch psích plemen a jsou známí jako luxusní psi.

Rotvajleři jsou silní psi. Jsou to milující miminka.

Yorkshire teriéři jsou malé uzlíky energie. Mají dlouhé kabáty a milují cestování v kabelkách.

Boxeři jsou hravá štěňata. Mají hranatou hlavu a rádi jsou aktivní.

Jezevčíci jsou dlouzí psi v rohlíku, díky čemuž jsou jedineční. Mají velkého ducha na malé tělo!

Sibiřští huskyové táhnou saně a jsou velmi hlasití, přátelští psi. Mají také jasně modré oči.

Dobrmani jsou štíhlí, silní psi. Jsou ochrannými strážci.

Shih Tzus jsou malí psi na klíně. Jsou to velmi přátelští mazlíčci.

Německé dogy jsou velmi vysocí psi. Mohou být velmi sladké.

Border kolie jsou hbité a chytré. Mají spoustu energie.

Shetlandští ovčáci jsou slyšící psi. Jsou známí svou hustou hřívou srsti.

Čivavy jsou
malé, ale mají
velké srdce.
Jsou sladké,
když jsou
respektovány.

Pembroke
Welsh Corgis
jsou malí, ale
mají velké uši.
Překvapivě slyší
psy.

Svatí Bernardové jsou známí svými záchranářskými pracemi. Jsou to něžní obři.

Australští ovčáci jsou chytří a obratní mazlíčci. Pracují jako pastevečtí psi.

Mopslíci jsou malí, vrásčitá roztomilá zvířata. Mají velmi hravou, ale tvrdohlavou povahu.

Aljašští malamuti jsou sáňkovaní psi a mohou přežít v chladném podnebí.

Australští teriéři jsou malí s hrubou srstí. Jsou z nich skvělí mazlíčci.

Basenjis mají jódlovité vykání. Jsou to super inteligentní a nezávislí psi.

Bichon Frisés
vypadají jako
mraky. Mají
veselé povahy.

Bloodhoundi
mají svěšené uši
a skvělý čich.
Používají se
také při
záchraně.

Bostonští teriéři mají smokingové kabáty. Jsou to přátelská štěňata.

Kavalír King Charles španělé mají nejlepší povahy a také krásné kabáty.

Kokršpanělé mají dlouhé hedvábné uši a působí noblesně.

Angličtí mastifové jsou obří psi! Jsou klidné a roztomilé.

Akity jsou ušlechtilí mazlíčci. Jsou známí svou hustou srstí.

Maltézáčci jsou preppy malí bílí psi a milují pozornost.

Barmští salašničtí psi jsou velmi velcí, ale velmi mírní.

Pomeranians jsou chlupatí malí psi. Mají odvážné povahy.

Rhodéští
ridgebackové
mají na zádech
„hřeben" vlasů.
Používají se k
lovu.

Irští seři jsou
elegantní,
temperamentní
psi. Jsou to
odchozí krásky.

Papillonovy uši vypadají jako motýli. Jsou to přátelští mazlíčci.

Ohaři jsou superrychlí a velmi hbití a šetrní ke svým lidem.

Shar-Peis jsou velmi vrásčité. Jsou to věrní a ochranitelští psi.

Dalmatini jsou energičtí psi a jsou oficiálním symbolem hasičských zbrojnic.

Psi pomáhají lidem každý den.

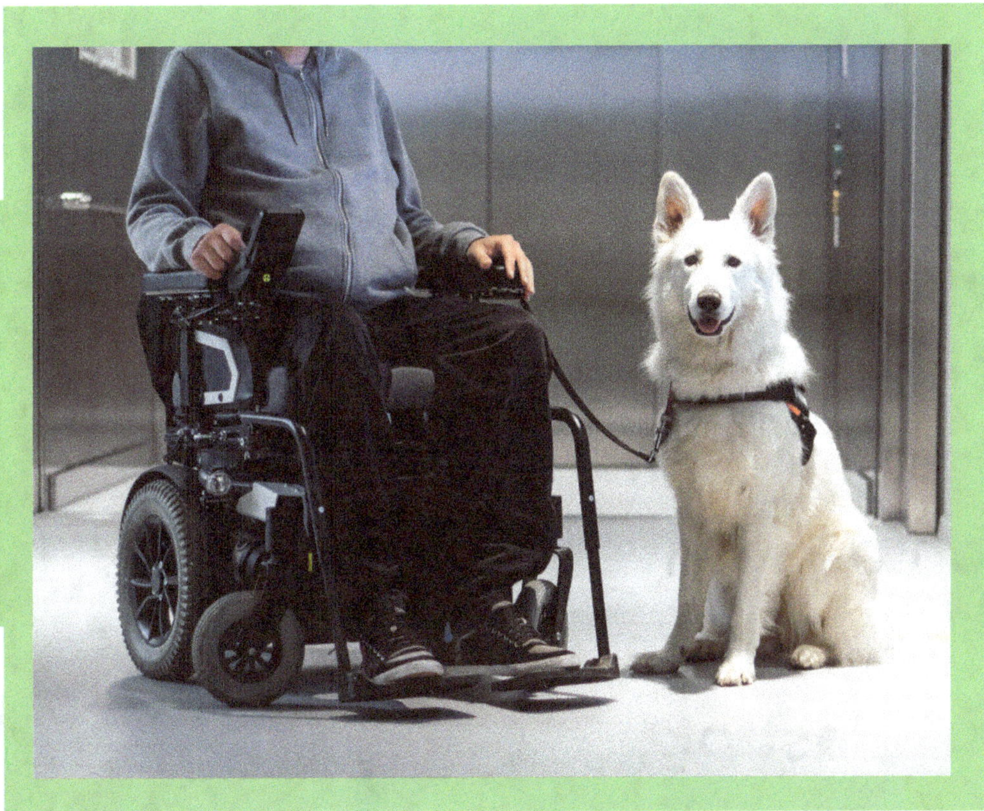

Mnoho psů pracuje jako služební zvířata a pomáhají lidem s postižením.

Psi pátrací a zachranáři pracují na hledání pohřešovaných lidí během katastrof.

Psi spolupracují s policií. Štěňata, která neprojdou výcvikem, jdou do milujících rodin.

Terapeuční psi poskytují emocionální podporu lidem v nemocnicích a ve veřejné bezpečnosti.

Psi jsou důležitou součástí našeho každodenního života. Je důležité se o psy starat. Nejsou to jen pracanti, ale důležití členové našich rodin!

www.ingramcontent.com/pod-product-compliance
Lightning Source LLC
Chambersburg PA
CBHW081921120726
47996CB00010B/3419